마하의 시간을 살다

베수 시집

장미와 여우

시詩 목차

마하의 시간을 살다	8
별의 자장가	10
별과 화로	12
별의 침묵	14
같은 하늘 아래, 다른 별을 보네	15
나무는 어디로 가는가?	17
나무는 왜 흔들릴까	19
샘물 그대	21
꽃그늘에 서고 싶어	22
불안정한 책갈피	24
무중력의 서랍	26
혼자 있다는 것	28
투명한 우산 속에서	30
행복은 가까이	32
달만 봐도 인생은 행복해	33
새들은 자기 목소리를 포장하지 않는다	35
침묵의 힘	37
영원의 품에 잠들게 하소서	39
불멸의 아름다움	41
파도는 바다의 심장박동	43
수많은 이름이 있다는 게 신기해	44
인간은 왜 속습니까	46
몸과 마음을 하나님의 성전에 둬라	48
하늘문을 여시는 주님	50

실상에 눈을 뜬다면	52
왜 이 일이 나에게 일어났는지	54
땅꺼미 지는 날 우두커니 서 있었다	56
1. 수성, 첫 번째 시詩	58
내가 가까이 있는 것은	59
2. 금성金星, 사랑의 진짜 얼굴	60
3. 지구는 태양의 손끝에서	62
3. 지구, 두 별 사이에서	63
4. 화성火星의 시간	65
4. 화성火星, 올림푸스의 심장	66
5. 목성木星, 하늘의 심장과 바다의 길	68
6. 토성의 심포니	70
7. 천왕성, 금강석金剛石의 바다	72
7. 천왕성, 뒤집힌 춤을 추네	74
8. 해왕성, 폭풍의 왕관	76
9. 명왕성, 명부冥府의 왕	78
아홉 번의 밤을 건너는 미지未知 속에서	79
고양이의 밤	80
카카오 오독거리는 밤을 보았다	82
9. 왜행성의 속삭임	84
9. 명왕성冥王星, 영혼들의 성단	86
내 얼굴이 밤하늘에 떠있네	88
금성金星, 서쪽 하늘 개밥바라기	90
금성金星, 새벽의 태백'성太白星	91

마하의 시간을 살다

베수 시집

장미와 여우

인사말

안녕하세요, 베수입니다.
밤에는 별을 바라볼 수 있는 곳에 오게 되어 행복합니다.
별을 보고 달을 볼 수 있다는 것만으로도 우리의 인생은 참 행복합니다.

우리는 모두 각자의 하늘 아래에서 서로 다른 별을 바라보고 있지만,
그 순간만큼은 같은 고요함 속에 머물 수 있다고 믿습니다.

삶의 소란 속에서도 잔잔한 평온을 찾게 되기를 바라며,
여러분의 평화롭고 빛나는 여정을 응원합니다.

깊은 감사의 인사와 함께,
이 시집이 여러분의 마음에 작은 울림이 되길 소망합니다.
별처럼 빛나는 순간들이 여러분의 일상에 머물기를 바라며,
시를 통해 전해지는 마음이 여러분에게 위로와 평온을 안겨줄 수 있다면,
그것만으로 밤하늘의 모든 별을 다 본 듯 충만할 겁니다.

이 시집이 여러분의 마음속에 작은 빛으로 머물기를 바랍니다.
감사합니다.

마하의 시간을 살다

순간은 찰나의 빛,
한 순간에 깃든 영원의 씨앗.

과거의 그림자에서 벗어나
미래의 꿈을 놓아주며
오직 지금 이 순간에 머물러라.

영원의 빛은 먼 곳에 있지 않으니,
이 순간 속에서
모든 것이 깨어나리라.

마하의 시간,
모든 것이 멈춘 그 찰나에,
생명은 그대로 완전하다.

생각의 굴레를 벗어나
마음의 속임수를 내려놓고
오직 있는 그대로를 받아들여라.

흐르는 강물처럼
그 어디에도 얽매이지 않는
순간의 진실 속에서
너는 온전해지리라.

마하의 시간만을 살라.
순간의 프레임 속에 깃든
무한한 지금, 영원한 지금.

과거는 먼 별처럼 저 멀리 사라지고
미래는 아직 오지 않은 바람일 뿐.

마음의 소란을 끄고
오직 존재의 본질에 귀 기울여라,
그곳에서 진정한 자유를 찾으리라.

마하의 시간 속에서
너는 이미 완전하고 자유롭다.
이 순간을 살라.
그리고 온전히 존재하라.

별의 자장가

나는 먼지처럼 흩날리는 기억을 타고,
빛도 없는 저 먼 별로 떠나네.
차갑게 얼어붙은 그 별 위에서
나는 자장가를 부르지.

별의 표면은 차디찬 얼음장,
발길 닿는 곳마다 시간이 녹아내리지만,
아무리 기다려도
눈물 한 방울 떨어지지 않는 곳.

이곳에서는 말이 필요 없으니,
차라리 침묵을 껴안고
나의 숨결을 별의 파편에 묻으리라.

별빛은 차갑고도 느릿하게
밤하늘을 가로지르며,
세상의 마지막 희미한 불씨를 불어오고,
나는 그 속에서
서서히 무언가 잃어가네.

그리움도, 고독도,
그리고 나 자신도.

별들은 소리를 내지 않지만,
나는 그 침묵 속에서 노래를 찾네.
한 음, 두 음,
차디찬 별의 자장가는
고요한 우주의 끝을 덮고,
언제나 흘러가리라.

나는 멀리서 들려오는 그 자장가를 따라,
마침내 그 차가운 별 위에서
잠들리라.

별과 화로

화로 안에 담긴 건,
사라져가는 별의 숨결일까,
아니면 우주의 잿더미인가.

별이 사라질 때마다,
화로 속 불씨는 살아나고,
그 타오름 속에서
또 다른 하늘을 상상하네.

별 하나, 화로 하나,
타오르고, 사라지고,
불씨는 재가 되어
흐릿한 별빛을 삼키네.

별들은 천천히 스러지고,
잔불 속에서 춤추는 그림자가
우주를 다시 그려낸다.

별이 다 타버린 밤에도
나는 앉아서 詩를 쓰네.
잿더미 위로
남은 별들의 기억을
하나하나 그려보네.

화로 속에 남은 건,
타버린 잔향인가?
사라진 한숨인가?

별들의 맥박이
재 속에서 미세하게 울리고,
한때 성운을 이루던 빛들이
서서히 흩어지면,

오늘 같은 밤,
밤하늘에 남은
흔적들을 이야기하네.

별의 침묵

하늘에 박힌
작은 구멍들,
그 속으로
우주는 천천히 새어나간다.

빛은 말이 없고
침묵은 그 자체로
별들의 언어.

그 구멍을 통해 새어 나오는
무한의 이야기를
한참을 듣고 있었다.

같은 하늘 아래, 다른 별을 보네

같은 하늘 아래,
우리는 서로 다른 별을 보네.
같은 어둠 속에서,
우리는 각자의 빛을 찾으려 하네.

내가 본 별은 나를 비추지 않고
너의 별도 너만을 위로하지 않지만,
우리는 각자의 하늘에서
그 빛을 바라보며 꿈꾸네.

같은 하늘, 다른 길.
같은 밤, 다른 별빛.

바람은 같은 속도로 불지만
그 속에서 들리는 이야기는 다르지.
내가 듣는 속삭임과
네가 듣는 침묵 사이에
또 다른 별의 이야기가 숨어 있겠지.

같은 하늘 아래서
우리는 서로를 향해 손을 내밀지만,
그 손끝이 닿기까지는
몇 번의 별똥별이 떨어져야 할까?
같은 별을 바라보는 날,
우리는 비로소 하나가 될 수 있을까,

하늘의 모든 별이
우리의 눈 속에 함께 빛나면,
무수한 아픔도 은은히 퍼지겠지.

나무는 어디로 가는가?

마지막 낙엽이 떨어진 나무는
어디로 향하는가?
뿌리 속 깊은 곳,
아니면 구름 위,
혹은 그 중간 어딘가,
모두가 알지 못하는 길로.

나무는 서 있지,
그러나 뿌리는 기억하지 않네,
자신이 처음 흙을 느꼈던 순간을.
잊어버린 것들은
바람에 실려 떠다니다가
언젠가 다시 땅에 닿을까.

나무의 그림자는 늘 길지만
어느새 그림자조차 잊힌다네.
그래서, 나무는 어디로 가는가?
끝도 없이 자라는 가지는
오히려 땅으로 향하고,
새로운 시작은 늘
그 아래에 있다네.

낙엽은 바람에 실려 떠나고
뿌리는 꿈처럼 남아 있지만,
그 누구도 보지 못한 곳에서
나무는 이미 자신을 향해 걸어가네.

나무는 왜 흔들릴까

나무는 왜 흔들릴까.
거센 비바람에
높이 서 있는 나무조차,
그 뿌리 깊은 곳까지 흔들리네.

낮아지게 하소서.
그리하여 가장 밑바닥,
샘물처럼 낮아지게 하소서.

비바람 속에서도
깊이 고요한 그곳에 닿게 하소서.
흔들리면서도 꺾이지 않는
나무의 지혜를 배우게 하소서.

낮음 속에서 맑게 흐르는
샘물처럼,
겸손하게, 조용히
그 자리에 머물게 하소서.

바람에 흔들려도

그 뿌리는 더욱 단단해지게,

나무처럼 견디며

그 밑바닥의 평온을 찾게 하소서.

샘물 그대

샘물 그대,
나에게로 와서 호흡이 되어 주오.
샘물 그대,
나에게로 와서 평안이 되어 주오.

그대 품 안에서
맑아지고 싶네.

나에게 쉼이 되어 주오,
그대의 두 눈 속에서
나를 보고, 그대를 보고,
하나가 되고 싶네.

샘물 그대,
품 안에서 숨 쉬고 싶네.
샘물 그대,
두 눈에서 평안을 보네.

그곳에서 나도,
그대도
하나로 흘러가네.

꽃그늘에 서고 싶어

꽃그늘에 서고 싶어,
부드러운 향기 속에
잠시 머물고 싶어.

바람에 흔들리는 꽃잎 아래
꽃잎이 하나 둘
떨어져도 괜찮으니
그 속에서
마음도 고요히 꽃 피우고 싶네.

햇살은 눈부시고
세상의 소란은 너무 크니,
꽃그늘 아래에서
잠시 쉬고 싶어.

그늘 속에서 피어나는
작은 꽃잎의 속삭임을 들으며,
그저 서 있을 수 있으면 좋으리.

꽃잎은 떨어져도
그 아름다움은 남으니,
나도 그 그늘 속에 서서
바람과 함께 속삭이고 싶네.

불안정한 책갈피

한 권의 책,
나는 그 안에 머물며 매일 새겨진다.
책갈피는 페이지 사이에서
조용히 흔들리며 방향을 잃네.

누군가 서둘러 덮어버리면
내 자리는 바뀌고,
잠시 있었던 문장은
순식간에 흩어진다.

사이사이, 나는 잃어버린다.
나를 기록하는 손은
자꾸 멈추고,
나는 미완의 단어로 남아,
넘어가지 못한 페이지에 묶인다.

때론, 바람이 불어와
내 페이지를 엉뚱한 곳으로 넘긴다.
거기엔 내가 아닌,
누군가의 기억이 남아있다.

불안정한 책갈피가 되어
나는 어디로 가는지도 모르고,
이 책이 다 닫히기 전에
제 자리를 찾을 수 있을까.

낡은 종이 냄새에 익숙해지고
내 이야기는 반쯤 접힌 채,
여전히 흔들리는 책갈피로 남네.

언젠가는,
누군가 천천히 이 페이지를 열어
나의 흔적을 찾아낼지도 모른다.
그러나 그때는,
내 이야기는 이미 바람 속에 섞여
완전히 달라져 있겠지.

무중력의 서랍

서랍을 열면,
그 안엔 무중력이 흐른다.
종이 한 장조차도 떠다니는 공간,
모든 것이 부유하듯 가벼운,
아무런 무게도 없는 세계.

펜을 들어 글을 쓰려 해도
한 자 한 자가
자유롭게 흩어져
어디론가 떠다닌다.

이 서랍 속엔 바람이 없고
시간조차 움직이지 않는다.
달력 속의 날짜마저
무중력의 힘에 이끌려
흩날리는 먼지처럼 멀어져 간다.

바닥 없는 서랍,
그 끝없는 공간 속에서
나는 나의 무게를 느껴보려 하지만,
여전히 가볍게 흩날리며
스스로를 찾지 못한다.

그러나 그 속에선
모든 것이 무한한 가능성으로
존재한다는 것.
그 어떤 것도 지탱되지 않지만,
그렇기에 어디로든 갈 수 있는 자유.

서랍을 닫으면,
그 안의 무중력은 다시금
잠들 듯 멈추고,
나는 다시 세상의 무게를 느낀다.
하지만 그 서랍 속에 남겨둔
내 마음은 여전히
어디론가 떠돌고 있을 것이다.

혼자 있다는 것

깊이,
자기 자신을 껴안아
본 적이 없는 것이 분명하다.
혼자 있다는 것은,
바람처럼 스치는 순간을
혼자 견뎌내는 일.

거울 속에 비친 나를
온전히 마주한 적이 있었던가,
속마음 깊은 곳에서
스스로를 껴안고
진정한 위로를 건넨 적이 있었던가.

혼자라는 사실이
낯설게 느껴질 때,
그 속에 숨어 있는 나조차
손을 내밀지 않았던 것이리라.

마음속 깊은 곳,
그 어둠 속에 숨어 있는 나를
한 번도 찾아본 적이 없었으니
혼자는 외로운 법.

그러나,
깊이 나를 껴안고
혼자의 고요함을 받아들이면
비로소 알게 되리라.
혼자 있다는 것이
곧 나와 함께 있다는 것을.

투명한 우산 속에서

비가 오지 않는 날,
나는 투명한 우산을 들고 걷는다.
보이지 않는 비를 막으며,
나는 그 안에서 숨을 쉰다.

이 우산은 무게가 없다.
모든 빛과 바람을 통과하고,
보이지 않는 경계 속에서
세상을 비춰 본다.

투명한 우산 속,
비가 오지 않아도
나는 나만의 비를 막고 있지.
어느 순간 쏟아질지도 모르는
눈에 보이지 않는 감정의 빗줄기.

우산을 들고 있는 이 순간에도,
보이지 않는 빗줄기들이
내 마음을 두드리니,
그저 듣고 있을 뿐.

사람들은 예감 없이 걸어가고,
나는 그들 속에서 보이지 않는
비를 맞으며
우산을 펼쳐본다.

어느 날,
비가 오기 시작하면
다른 사람들은 그제야 우산을 펴겠지만,
나는 이미 준비되어 있다네.

흩날리는 빗방울 하나하나,
내 마음을 적시지 않으니.

투명한 우산 속에서
나는,
혼자만의 비를 맞으며 서 있다.

행복은 가까이

돌고 돌았던 먼 그림자,
헤매던 길 위의 발자국,
행복은 멀리 있지 않다네.

밤 하늘에 빛나는 별,
밤 바다의 잔잔한 파도,
밤 바람이 당신을 스친다면,

여기, 지금, 이 순간이
행복의 진정한 자리라네.

마음으로 듣고 보면
행복은 이미 우리 안에 수놓인
밤하늘의 별과 같네.

돌고 돌았던 먼 그림자,
이제는 멈추고 바라보네,
가까이, 아주 가까이에,
늘 함께했던 행복을.

달만 봐도 인생은 행복해

달만 봐도
인생은 행복해.
어둠 속에서 홀로 빛나는
그 둥근 얼굴을 바라보면
마음 한켠이 환해지지.

말없이 떠오르는 달,
그 빛은 소박하지만
늘 거기 있어
우리의 밤을 밝혀 주네.

어둠에 가려도
그 자리를 잃지 않고,
구름 속에 숨어도
다시 모습을 드러내니
그런 달을 보며
인생도 그리 가벼워지지.

달만 봐도
작은 기쁨이 찾아오고,
순간의 평화 속에
행복이 스며드네.

달을 바라보는 일,
그것만으로도
인생은 충분히 아름답네.

새들은 자기 목소리를 포장하지 않는다

새들은
자기 목소리를 포장하지 않는다.
아침이면 맑은 소리로
그냥 노래할 뿐,
숨기지 않고, 꾸미지 않고
있는 그대로를 세상에 내어준다.

저 하늘을 가르며
바람을 타고 흩어지는 소리 속에
진실만이 머문다.

아름다운 것은
소박함이니,
새들은 가식 없이
자신을 드러내며
단순한 기쁨을 노래한다.

저 새들처럼
그저 있는 그대로,
진실한 마음으로
우리도 노래해야 하지 않겠는가.

새들처럼 꾸밈없이
목소리를 내어
세상에 퍼져나가게 하리라.

포장하지 않고
있는 그대로 살아가며
자유로운 날갯짓을 하리라.

침묵의 힘

흐르는 물결을 바라보듯이
마음의 상념을 들여다보세요.
잔잔한 물결이 일렁이듯,
마음의 소란도 흘러가게 두세요.

조용히 그 자리에 앉아
마음의 풍경을 바라보세요.
떠오르는 생각과 감정,
그저 있는 그대로 두세요.

지금 이 순간, 침묵의 힘이
당신을 감싸 안을 것입니다.
흐름을 억누르지 말고,
자연스럽게 흘러가게 두세요.

그저 바라보는 것만으로도
마음의 평화가 찾아옵니다.
침묵 속에서 깨어난 힘이
고요히, 마음을 일깨울 거예요.

바람이 불어도 굳건한 나무처럼,
흐르는 물결 속에 고요한 바위처럼,
마음의 중심을 지키며,
침묵 속에서 강해지세요.

당신의 내면에 깊은 침묵을
일깨우는 힘이 깃들어 있습니다.
흐르는 물결을 바라보듯이,
마음의 상념을 그저 바라보세요.

영원의 품에 잠들게 하소서

영원의 품에
잠들게 하소서,
흐르는 시간 속에서
지친 마음을 쉬게 하소서.

끝없는 길을 걸어
마침내 닿는 그곳,
영원의 품 안에서
고요히 안식을 얻게 하소서.

바람처럼 스쳐가는
삶의 순간들을 뒤로 하고,
깊은 평온 속에서
잠들게 하소서.

어둠도, 빛도 스러지는 곳에서
아무런 두려움 없이
그대의 품에 안겨
영원히 머물게 하소서.

영원의 손길이
나를 감싸고,
마침내 모든 것이
그 안에서 하나가 되게 하소서.

영원의 품 안에서
고요한 꿈을 꾸며,
나를 쉬게 하소서.

불멸의 아름다움

불멸의 아름다움이여,
시간 속에서도 빛나는 너,
세월이 지나도 변치 않는
그 깊은 빛을 나는 바라본다.

꽃은 피고 지며
강물은 흘러가지만,
너의 아름다움은
영원히 그 자리에 머무르리.

눈앞의 모습이 시들어도
그 본질은 언제나 빛나,
불멸의 너는
흔들리지 않고 서 있으니.

가장 순수한 빛이 되어
흐르는 시간에도 지치지 않고,
그 어떤 풍파에도
영원한 빛을 간직한 너,
불멸의 아름다움이여.

세상이 변해도
너는 변치 않으니,
너를 마주할 때
우리는 영원을 느끼네.

그 찰나 속에서도
불멸의 너는 숨 쉬고,
그 깊은 빛은
영원히 우리를 감싸리라.

파도는 바다의 심장박동

파도는
바다의 심장박동,
그 넓은 품속에서
영원히 숨 쉬는 생명.

가장 깊은 곳에서 시작되어
해안까지 이어지는 생의 흐름.

고요함과 소란을 하나로
이어주는 영원의 고리.

심장처럼 고동치는 물결,
바다의 넓은 가슴 속에서
영원히 살아 숨쉬는 노래.

그 안에서 우리는
영원히 이어질 생명을 노래한다.

수많은 이름이 있다는 게 신기해

세상에는 수많은 이름이 있어.

나무마다 이름이 다르고,
바람에도, 구름에도
모두가 저마다의 이름을 지니고 있네.

그 이름들은 어디서 왔을까?
사람들의 마음 속에서,
혹은 자연의 깊은 속삭임에서 왔을까?

하나의 이름이 수많은 순간을 담고,
하나의 이름이 수천 가지 마음을 실어
세상 곳곳으로 흘러가는 게 신기해.

그 수많은 이름 속에서
나도 하나의 이름을 가지고 살아가고,
모두가 서로의 이름을 부르며
각자의 이야기를 이어가네.

세상에 흩어진 이름들,
그 하나하나가 모여
우리를 이루는 것이겠지.

인간은 왜 속습니까

인간은 왜 속습니까.
거짓의 그림자 속에 숨으려 하며
빛을 마주하기 두려워,
자신을 속이고, 남을 속이며
진실을 외면하려 하는 것일까요.

진실은 무겁고,
때로는 그 무게를 견디지 못해
가벼움에 몸을 의지하나,
그것은 바람에 날리는
먼지처럼 흩어지기 마련.

속임 속에서도 인간은
진실을 갈망하고,
속이고 나서도 다시 돌아와
무너진 마음의 조각을 맞추려 하지요.

인간은 왜 속습니까.
아마도 진실이 아프기 때문일 테지요.
그러나 그 아픔 속에서만
참된 나를 만날 수 있음을
아직은 모르는 걸까요.

속임 속에서도
우리는 결국 진실로 돌아와
마주할 수밖에 없습니다.
그때서야 알게 되겠지요,
진실만이 우리를 자유롭게 한다는 것을요.

몸과 마음을 하나님의 성전에 둬라

몸과 마음을
하나님의 성전에 두고,
그 거룩한 곳에
너희 존재를 바쳐라.

삶의 고단함을 품고
세상의 소란을 뒤로 한 채,
마음을 고요히 내려놓고
성전 안에 너희 영혼을 맡겨라.

너희 몸은 거룩한 그릇이니,
너희 마음은 성전의 빛이니,
하나님의 손길 아래
온전히 머무는 것을 두려워하지 말라.

그분의 성전 안에서
모든 아픔은 씻기고,
모든 상처는 치유되리라.
우리가 그곳에 머물 때,
새로운 평화가 우리를 감싸리라.

몸과 마음을
하나님의 성전에 두고
그분의 뜻 안에서
빛나는 길을 걷게 되리라.

하늘문을 여시는 주님

하늘문을 여시는 주님,
큰 망치질 한 번에
첩경이 닳고,
반복된 망치질에 속에
천지가 무너지네.

그 한 번의 울림이
세상을 뒤흔들고,
오랜 길이 닳아 사라질 때,
주님의 손길로 새로운 길이 열리네.

닳고 달아진 망치질 속에서
모든 것이 무너지고,
그 파괴 속에
새로운 생명이 움트는 것을 보나이다.

주님, 당신의 힘으로
우리의 첩경을 닳게 하고,
그리하여 천지가 무너질지라도
다시 일어날 것을 믿습니다.

당신의 망치질로
열리는 하늘문 속에서
새로운 빛이 우리를 이끄나이다.

실상에 눈을 뜬다면

실상에 눈을 뜬다면,
모든 기쁨이 너를 온전케 하리라.
세상의 허상은 사라지고,
진리의 빛이 너를 비출 때,
너는 안온케 되리라.

그 깊은 진실 속에서
마음의 갈증은 사라지고,
충만함이 너를 감싸리라.
모든 것은 그 자리에서
평화롭게 하나가 되니,
너 또한 그 속에서
온전히 쉬게 되리라.

실상을 마주한 순간,
모든 두려움은 흩어지고,
기쁨이 너를 채우며
진리의 품 안에서
너를 감싸 안으리라.

세상의 혼란 속에서도
눈을 들어 실상을 본다면,
너는 충만해지리라,
온전해지리라,
그리고 그 깊은 평온 속에
영원히 머무르리라.

왜 이 일이 나에게 일어났는지

주님,
이 일이 내게 왜 일어났는지,
알 수 있는 통찰력과 지혜를 주소서.
어두운 길을 걷는 내 발걸음 속에
빛을 비추어 주시고,
그 깊은 뜻을 깨닫게 하소서.

고통 속에서도
그 안에 숨은 의미를 찾게 하시고,
혼란 속에서도
진리의 길을 보게 하소서.

주님,
이 순간의 이유를 알지 못하나
당신의 뜻이 있음을 믿사오니,
나에게 이해할 수 있는
지혜를 허락하소서.

이 길 끝에 서면
비로소 깨닫게 될 진실을,
내 마음에 담을 수 있도록
통찰력으로 채워주소서.

그리하여,
이 모든 일이 결국
나를 더 깊은 평안과
강인함으로 이끄는 여정임을
알게 하소서.

땅꺼미 지는 날 우두커니 서 있었다

땅거미 지는 날 우두커니 서 있었다
나는 그 자리에 서서
시간이 느리게 흐르는 걸 보았지.

하늘과 땅 사이,
어디론가 사라지는 빛을 따라
마음도 천천히 가라앉고 있었지.

어둠은 조용히 내려앉고,
세상은 한숨처럼
고요함 속으로 스며들었네.
바람은 머뭇거리며 지나가고,
나뭇잎은 속삭이듯 흔들렸지.

땅거미가 다가올수록
세상은 더 깊이 잠기고,
나는 그 속에서
어디론가 향하는 발걸음을
천천히 떠올리며 서 있었네.

사라지는 빛과 함께
발자국의 무게도 서서히 가벼워지네.
저물어 가는 하늘 아래,
모든 것이 천천히 흐르고,
발끝에 닿는 어둠은
마치 오래된 기억처럼 스며들지.

고요한 저녁의 품 안에서
무겁던 모든 것이
하나 둘 흩어져 가네.

세상은 어둠 속에 잠기고,
나는 가벼워진 발걸음으로
그 속에 스며들 듯
조용히 걸음을 떼리라.

1. 수성, 첫 번째 시_詩_

태양 가장 가까운 곳에서,
첫 번째 시를 새기는 수성_水星_.

88일, 그 여정 속에
뫼비우스 띠 같은
무한한 시작을 품고 태양을 도네.

그 작은 몸 안에 담긴
무한한 리듬,
그 이유를 묻는다면,
우리는 고개를 들고 하늘을 보겠지.

불타는 태양의 곁에서
홀로 서성이는 작은 별.
작은 궤도에도 멈추지 못하는 것은,
88일의 순환 속,
다시금 시작을 새기는 물처럼,

우리가 찾지 못한 길 위에서,
수성은 이미 답을 알고 있을지도 몰라.

내가 가까이 있는 것은

내가 가까이 있는 것은,
여전히 멀리 있는 것들을
비추기 위해서.

손 닿을 듯 다가와도
그 빛은 먼 곳에 머물고,
어둠 속에도 길을 밝히니,
가까이 있어도
늘 멀리 빛나기를 소망하네.

내가 가까이 있는 것은,
그저 너를 비추기 위해서.
그리하여, 내 빛이
너의 발걸음을 따라
어디로든 향할 수 있도록.

멀리 있는 너를
언제나 환히,
품을 수 없는 너를 위해
빛이 되려는 것이네.

2. 금성金星, 사랑의 진짜 얼굴

라티움의 안개 속에서
태어난 금성金星은,
태양에 이어
빛나는 사랑을 품은 별.

사랑이란 늘 둘이서,
서로를 마주 보며 느끼는 것.
금성의 대기 속
무거운 먹구름은
사랑의 콩깍지가 드리운 흔적,
마치 세상에 둘만 남은 듯

비너스의 품 안에 숨겨진
감정의 구름들,
눈을 가린 채로
느끼는 사랑의 무게.

때론 그 구름 속에서
길을 잃기도 하고,
서로를 온전히 보지 못한 채

어둠 속에서 헤매지만,
그것 또한 사랑의 한 조각.

금성金星은 언제나
그 구름을 뚫고 빛나니,
사랑은 늘 서로의 빛과 어둠을 안고,
그 안에서 더 깊이 이해하는 것.

때론 빛이 흐려져 보이지 않더라도
서로의 손을 놓지 않고
함께 걸어가는 법을 배우는 것,
그것이 사랑의 진짜 얼굴이더라.

구름이 두껍고 어둡더라도
그 안에 숨겨진 빛은 사라지지 않으니,
사랑은 그 먹구름 속에서도
계속해서 빛을 내리라.

3. 지구는 태양의 손끝에서

지구는 태양의 손끝에서
조용히 돌고 있네.
마치 현악기의 줄을 켜듯,
지구의 하루를 조율하네.

바람이 현을 스치듯,
폭풍이 현을 때리듯,
파도가 현을 퉁기듯,
대지가 현을 울리듯,

모든 순간이 하나의 음표가 되어
잎새의 작은 진동조차
우주의 악보에 새겨지네.

그 고요한 삼중주 속에서
숲은 잎새를 흔들며
고요한 화음을 맞추네.
우리의 지친 날들을 쉬게 하네.

3. 지구, 두 별 사이에서

지구는 두 별 사이에 서 있네.
금성은 불타오르듯 다가오지만,
그 열정에 녹지 않고
화성은 고독하게 멀어지지만,
그 차가움에 얼지 않네.

그저 어느 한쪽에도 치우치지 않고
중도中道의 길을 따를 뿐.

중도란, 그 어느 극단도 아니며
그 사이에 놓인 좁은 길.
삶도 그러하리,
넘치지도 모자라지도 않게
적당한 무게로 균형을 맞추는 것.

지구는 두 별 사이에서
중심을 지키며
자신의 궤도를 이어가니,

중도의 길은, 생명을 품는 길.
중력처럼 묵묵히
지구를 지탱하는 길.

모든 것을 끌어당겨도
그 힘에 휘말리지 않고,
보이지 않으나
우리를 붙잡아주는 길.

그리하여, 지구는
두 별 사이에서
고요히 돌고 있네.

4. 화성₍火星₎의 시간

태양풍에 노출된 화성₍火星₎,
그 옅은 대기는 너무나도 얇아
물조차 그 속에 머물 수 없네.
단지, 모래만이 그 위에 남아
고요히 쌓여가네.

바람은 모래알들을 옮기고
세월을 기록하나,
강물이 흘렀던 자리에는
협곡만이 남아
사라진 물줄기를 기억하니,

한때 흐르던 강의 흔적을
차갑게 식은 돌덩이만이 간직하네.

이곳에선 폭풍마저
시간을 기록하듯
끝없이 소용돌이 치니,

옛 강의 기억은
아득히 먼 이야기로 씌어지네.

4. 화성火星, 올림푸스의 심장

붉게 타오르는 하늘의 전사,
전쟁의 신이 걸어가는 길 위에
쇠로 물든 그 몸은
고독의 행진을 이어가네.

지구와의 먼 거리,
7800만 킬로미터의 침묵 속에서,
자전은 느리게 흘러
지구의 시간을 비웃듯 춤추지.

매리너가 찾아오기 전,
인간들은 물과 생명의 이야기를 속삭였지,
관개수로가 흐르고, 농부들이 일구는
화성의 들판을 꿈꾸었으나
붉은 땅은 그들의 환상을 비웃었네.

얼음으로 뒤덮인 극관,
물이 있었으나, 이제는 사라진 그 흔적들,
그 발자국마다
소리 없는 전투의 역사가 새겨지네.

하늘의 가장 높은 산, 올림푸스,
태양계의 왕이여,
네 깊은 계곡 속에 잠들어 있는
화산의 열기는
여전히 화성의 심장에서 뛰고 있네.

가장 깊은 협곡, 매리너스
그 상처는 별들이 지켜본
시간의 흔적, 바람은 속삭이지만
지금은 신들이 남긴 불씨를 지킬 뿐.

언젠가 돌 속에 갇힌 기억들이
천천히 깨어나듯,
불타는 침묵 속에서
다시 태동할 생명을 꿈꾸니,
그 빛은 수백만 년의 기억을 안고
오늘도 지구의 하늘을 가로지르네.

5. 목성₍木星₎, 하늘의 심장과 바다의 길

어느날 다섯 손가락을 펼쳤다.
하늘에 떠있는 거대한 심장,
목성의 박동이 가슴으로 전해져 온다.

손바닥을 넓게 펼치고,
마치 목성처럼,
확장은 끝없이 계속되니
내 가슴 속에도 같은 리듬이
살아 숨쉬고 있나 보다.

유피테르, 그 이름 아래 숨 쉬는 폭풍.
항해를 두려워 하지 않는 선장처럼
바다를 향해 나아가니,

지구로부터 떠난 탐사선마저도
길을 바꾸게 한
목성의 어느날,

대적점₍大赤點₎*을 만나도
삼킬 듯, 삼켜지지 않겠네.

캄캄한 바다에서도,

가릴듯, 가려지지 않는 등대를 찾아

항해를 계속 하겠네.

* 대적점(大赤點) 또는 대적반(大赤斑)은 목성 대기 중 남위 22도에 위치한 고기압성 폭풍 지대이다.

6. 토성의 심포니

토성은 고리를 두른 왕처럼
고요히 우주를 지켜보네.

토성은 마치
한 손에 우주를 쥔 자.
빛나는 고리의 심포니를 품고,
우주의 오케스트라를 연주하지.

별들의 선율이 어우러져
하늘을 가득 채울 때면,

토성의 북극, 그곳엔
육각형의 구름이 피어오르네.

우주는 늘 직선으로 흐르진 않지.
소용돌이치는 변주곡은
과거와 미래를 엮어가며,
시간마저도 그 속에선
느리게 흘러가지만,

음색마다 숨겨진 진실을
별들은 여전히 노래하니,

조용한 울림이
구름에 스며들 때면
시공간을 넘나드는
교향곡이 완성되네.

* 토성의 북극(위도 약 77도)에는 육각형으로 회전하는 구름이 존재한다.

7. 천왕성, 금강석金剛石의 바다

천왕성은 금강석의 바다,
우주의 깊은 한숨처럼
그곳은 차갑고 멀리,
닿을 수 없는 곳에서
조용히 흘러가고 있지.

우주가 선사한 한 점의 신비,
북극은 태양을 향해 기울어져
영원한 낮을 꿈꾸네.

얼어붙은 바다 위,
우라노스의 눈부신 여명이
끝없이 펼쳐지네.

오랜 어둠이거나, 오랜 빛이거나,
무수한 혹한酷寒을 견디며
적도보다 뜨거운 광휘를 품는
다이아몬드와 같은 별.

그 견고함은 오랜 어둠을 인내하는 것이리라.

칠일(七日)의 안식 속에서

반석은 더욱 단단해졌으니,

하늘과 바다의 경계를 넘나드는 별은

영원한 신비를 품고 있네.

* 다이아몬드 또는 금강석(金剛石)은 천연광물 중 가장 굳기가
우수하며 광채가 뛰어난 보석이다.

미국 로렌스 리버모어 국립 연구소의 존 에거트 박사의 논문에 따르면,
해왕성과 천왕성의 바다는 다이아몬드 바다일 가능성이 있다.
그 액체 다이아몬드 바다 위에는 다이아몬드 덩어리들이 떠다닐 것이라고 한다.

천왕성의 한쪽의 극은 42년 동안 태양 빛을 받고, 42년 동안 어둠에 놓이게 된다.
결국 이러한 천왕성의 이상한 자전 때문에, 한쪽 극 부분은 적도 부분보다
더 많은 태양의 에너지를 받게 된다.

7. 천왕성, 뒤집힌 춤을 추네

천왕성은 뒤집힌 춤을 추네.
그 기울어진 축은
마치 세상을 거꾸로 본 눈처럼,
깨달음은 평범함 속에서 오지 않고
뒤집힌 궤도 속에서
예상치 못한 진리를 알려주지.

뒤집힌 별은
우주의 흐름을 거슬러 돌지만,
그 법무法舞 안에서
새로운 춤을 계승하지.

예상 밖의 궤도에서
우리가 알지 못했던 답들이 다가오고,

그 반전 속에서 우리는
익숙함을 벗어난 깨달음의 빛을 보네.

그 춤은 혼란이 아니라
질서 속의 새로운 질서.

뒤집힌 별의 행보에 몸을 맡기면
우리는 점차 익숙해지지.

그리고 천천히 깨닫네,
진리는 단 하나의 모습으로만
존재하지 않음을.

뒤틀린 균열 속에서
다층적인 의미들이 춤을 추고,
뒤집힌 별은
우리에게 속삭이듯 말하지.

뒤집힌 궤도 속에서도
질서는 여전히 살아 있고,
우리가 알지 못한 방식으로
세상은 조용히 이어진다고.

천왕성의 푸른빛 아래
그 춤을 따라가다 보면,
우리는 결국 그 속에서
자신만의 선율을 찾게 되겠지.

* 천왕성의 자전축은 약 98도 정도 기울어져 있어, 마치 옆으로 누워서 자전하는 것처럼 보인다.
이는 태양계의 다른 행성과는 크게 다른 특징으로,
천왕성은 옆으로 누운 상태에서 태양을 공전하고 있다.

8. 해왕성, 폭풍의 왕관

해왕성의 바람은 끝을 몰라,
우주의 경계에서
휘몰아치며 질서를 흔들지.
시속 2,100km의 속도로
시간과 공간을 가르고,
그 속에서 태양계에서 가장 강한
폭풍이 태어나지.

우주의 끝자락을 휘감아 도는
그 왕관 속에서
폭풍은 흩어졌다 다시 모이고,
신화神話는 다시 쓰여지네.

45억 킬로미터 떨어진 자리에서
넵투누스의 삼지창을 들고
우주의 바다를 다스리는
해왕성, 바다의 왕이여.
왕관을 나에게 씌어다오,

푸른 폭풍의 왕관을.
그 차가운 바람 속에서
영혼은 한없이 깊어지고
권능은 빛을 발하네.

세상의 균형을 잡는 별처럼,
숭고한 진리의 중심에 서리니,
그 이름은 곧, 진실의 왕이리라.

9. 명왕성, 명부冥府의 왕

우주의 끝자락,
죽음의 왕국처럼 고요히 잠든 별.
영하 233도의 침묵 속에서,
모든 것은 멈춘 듯하지만
명부冥府의 왕,
저승의 문을 지키는 자여,

왕좌는 어둠 속에 잠겨 있으나
생生과 사死의 경계에서
영원히 순환하는 강을 저으니,
카론의 배를 타고 건너는
영혼들은 망자의 밤을 통과하네.

마지막 궤도를 맴도는 별이여,
무한의 끝자락을 떠도는
그 마지막 발걸음은 어디로 향하는가?

아홉 번의 밤을 건너는 미지未知 속에서

검은 고양이는 아홉 번의 삶을 다해
서곡의 여운 속으로 사라지네.
발자취만이 잔잔한 밤하늘에 남아,
별빛 속에서 은밀히 반짝이는 어느 밤.

고요히 흐르는 시간 속에서
기억은 먼 별들 사이를 떠도는 고양이처럼,
그 눈동자 속엔
여전히 미지의 세계가 담겨있네.

까마득히 멀어지는 미지未知 속에서,
고양이의 눈동자엔
아득한 별빛이 흐르네.

고양이의 밤

고양이는 아홉 번을 죽고 살고,
은밀한 밤을 헤매네.

베일처럼 수놓인 밤을 따라
바람처럼 사라지고,
달빛 속에 스며들며
별빛 속에 태어나고,
강가 속에 잠긴다네.

수염 마저도 녹아들어
달과 별 사이를 오간다네.

밤의 음영은 미끄러지듯
물고기의 그림자를 드리우고,
고양이는 은빛 물고기를 따라,
그림자 속으로 은은히 흐르며
새벽이 올 때까지 잠들지 않네.

시간의 틈을 걷는 고양이,
그 발끝에 걸린 밤은
서서히 실눈 뜨는 고양이의
눈동자에 기대어 아침을 맞이하네.

밤의 자락 마저도 살포시
그 발걸음에 놓이네.

카카오 오독거리는 밤을 보았다

카카오 오독거리는 밤을 보았다.
달빛이 흐드러진 은하수 아래,
고요한 숲속에서 울려 퍼지는 소리,
오독거리는 밤의 소리.

바삭하게 깨어나는 어둠속에서
부서지는 숲의 소리.

고요함 속에
작은 소리들은 깨어나고,
그 속에서 밤은
오독오독
부서지며 흩어지네.

바람 한 줄기,
카카오 향이 퍼질 때,
흩어진 밤 속에선
구운 밤 향기가 밀려오네.

오독거리는 순간마다
초침은 부서지고,
카카오는 쌉싸름한
추억을 소환하네

9. 왜행성의 속삭임

우주의 끝자락에 서서,
나는 한때 태양계의 구석을 지켰네.

죽음은 왜소한 별처럼
희미하게 멀어져 가고,
그들은 나를 바라보며 속삭이네.
"이제 죽음은 저 멀리,
이름 없는 곳에 있네."

병을 고치고, 쇠락을 막는 기술 속에서,
그들은 죽음과 관계없다고
믿고 싶어 하네.
마치 쫓아내고 싶은 그림자처럼.

그러나, 나는 여전히 여기 있네.
꺼지지 않는 불빛처럼,
우주의 깊은 곳에서
여전히 그들을 지켜보네.

그들은 죽음을 극복하는가? 아니면
그 불멸의 힘을 외면하는가?

손끝에서 멀어졌는가, 아니면
단지 눈을 감고 있을 뿐인가?

이제 죽음은 이름 없이
무명無明 속에 남아 있네.
빛나는 별들의 행진 속에서도
누구도 부르지 않는 이름으로.

불멸을 꿈꾸며 사선死線*을 넘지만,
사선斜線*에서 탄생한 빛들 사이로
죽음은 잠잠히 그늘을 드리우니,

언젠가 우주의 끝자락에서,
무언無言의 이름으로
우리를 맞이하리.

* 2006년 국제천문연맹(IAU)의 결정에 따라 명왕성은 '왜행성'으로 재분류되었으며,
공식적으로 소행성명 134340 Pluto로 이름이 변경되었다.
* 사선 死線 : 죽을 고비
* 사선 斜線 : 비스듬하게 비껴 그은 줄.

9. 명왕성(冥王星), 영혼들의 성단

궤도를 깨끗이 비워야만
진정한 행성이 될 수 있다 했지만,
숱한 별들은 그 곁에 남아
고요히 숨을 고르네.

마치 떠도는 영혼들의 성단처럼,
시간의 잔해들이 모여드는 곳,
카이퍼벨트. 부서진 기억의
파편처럼 사선(死線)을 넘나드는
영혼의 길은 지워지지 않는 흔적처럼
여전히 자신을 찾으며 떠도네.

명왕성은 그들을 밀어낼 수 없네,
쓸어버리지도 않네.
행성이 되지 못하더라도
묵묵히 그들을 품을 수 밖에.

그곳은 잊혀진 자들이 모인 집합체,
완전하지 않아도
떠도는 자들을 위한 안식처.

그 속에선

그 누구도 밀려나지 않고,

그 누구도 홀로이지 않네.

서로의 흔적을 지우지 않고,

그저 고요히, 쉬어갈 뿐.

은하의 먼 끝자락은

서로에게 기대어 흘러가고,

영혼들은 서로의 빛을 받아

조용히 다시 태어나네.

그곳에선

누구도 완전하지 않지만

누구도 외롭지 않네.

---

* 명왕성은 태양을 공전하고 있으며 충분한 중력을 가지고 있어 구형을 유지하지만
행성에서 탈락한 이유는 국제천문연맹(IAU)이 정의한 '행성'의 조건 중
하나를 충족하지 못했기 때문이다.
그 조건은 "공전 궤도 주변을 깨끗하게 청소할 것"이다.
명왕성은 카이퍼 벨트에 속해 있으며, 이 지역에는 다른 소천체들과 천체들이 많이 존재한다.

내 얼굴이 밤하늘에 떠있네

내 얼굴이
밤하늘에 떠있네.
고요한 하늘 속에서
내 얼굴은 떠돌고,
때는 아직 오지 않았네.

별들은 조용히 속삭이고
나는 별들 사이를 떠돌며
나의 조각을 맞추네.

잠시, 아주 잠시라도
별들 사이에서
내 얼굴은 빛을 내리라.

때가 오면,
나의 얼굴도
그 빛 속에서 깨어나리라.

그러나 지금은
그저 떠돌고 있을 뿐,
밤하늘 속에서
조용히 숨을 쉬네.

내가 그곳에 서 있을 때,
밤하늘은 나를 품고
나 또한 그 속에 스며들리라.

그렇게 나는
별들과 함께
고요히 머무르고,
잠든 마음을 천천히
하늘에 흘려보내리라.

금성金星, 서쪽 하늘 개밥바라기

서쪽 하늘 저편에서
개밥바라기는 낮의 끝자락에 남아
밤의 시작을 알리는 전령처럼
부드럽게 빛을 흩뿌리네.

그 찬란한 빛은 오래 머물지 않지만,
하루의 끝을 받아들이는 위로가 되네

너의 빛은 소박하지만,
우리는 그 빛 속에서
하루의 피로를 내려놓고,
새로운 평온을 찾아 떠나리라.

서쪽 하늘, 개밥바라기여,
너는 밤의 시작을 알리는 전령처럼
하늘 한켠에 그리움처럼 남아
내일을 기다리며 빛을 주네.

금성_{金星}, 새벽의 태백성_{太白星}

고요한 밤하늘의 여왕이여,
어둠 속에서 빛나는 너의 얼굴은
저 멀리 태백산처럼 당당히 서 있네.

태백성_{太白星}, 그 위엄 속에
새벽의 기운을 담고,
밤의 끝자락을 지키며
찬란한 빛을 내뿜는다.

밤하늘의 마지막 불빛,
동쪽에서 태어나
태양의 길을 예고하듯
조용히 세상을 비추네.

동쪽 하늘에 머물며
태양을 부르듯,
너는 밤의 끝자락에
평온과 약속을 남기네.

샛별이여,
아침의 첫 숨결처럼,
차갑던 밤의 어둠을 걷어내며
희망의 불씨를 틔우는구나.

밤의 고요 속에 깃든
마지막 인사처럼,
세상은 너의 빛 속에서
깨어나리라.

마하의 시간을 살다
베수 시집

2024년 11월 11일 1쇄 발행

지은이 | 최주희

책임편집 | 이경민
디자인 편집 총괄 | 이경민

발행인 | 이경민
발행처 | 장미와 여우 (마이티북스)

저작권자 | 최주희

출판사 연락처
전화 | 010-5148-9433
이메일 | novelstudylab@naver.com
홈페이지 | http://마이티북스.com/

ISBN 979-11-989893-9-0

이 책은 저작권법에 따라 보호받는 저작물이므로 무단전재와 무단복제를 금지하며,
이 책 내용의 전부 또는 일부를 이용하려면
반드시 저작권자와 출판사의 서면 동의를 받아야 합니다.

정가는 책 표지에 표기되어 있습니다.
파본이나 잘못된 책은 구매하신 서점에서 교환해 드립니다.

도서 제작 과정에서 아래의 폰트를 사용했습니다..
'KoPub바탕체, 고운 돋움, 한글재민3.0, Noto Sans CJK KR', '어스코어 드림'
창작자들을 위해 무료로 배포해준 폰트 제작자 여러분에게 지면을 빌려 감사의 마음을 전합니다.